Einleitung

Es gibt eine Menge Hundebücher, Hunderatgeber und Leitfäden. Viele von ihnen haben sehr gute Ansätze, viele dieser Ansätze sind jedoch völlig unterschiedlich. Alleine schon in der Ansicht des Grundverhaltens eines Hundes.

Es gibt auch jede Menge hilfreicher Freunde, Nachbarn, Arbeitskollegen, die alle –jederzeit gerne- jede Menge hilfreiche Ratschläge zur Seite stellen, wenn Sie als Hundehalter ein Problem haben.

Viele dieser hilfreichen Nachbarn und Bekannten hatten bereits schon einmal einen Hund, oder haben zumindest schon von jemandem gehört, der einen Hund hatte. Oftmals begeistert es diese Menschen, all ihr dadurch fundiertes Wissen an Sie als Hundehalter weiterzugeben und darauf zu insistieren, dass Sie genau das umsetzen müssen, um ans gewünschte Ziel zu kommen.

Es gibt so viele Theorien, dass es einem normal sterblichen Hundehalter schwindelig wird und man nicht mehr weiß, auf welche man nun eigentlich hören muss.

Gelegentlich ist es bei den Ansätzen zur Hundeerziehung ähnlich wie bei den Theorien zum plötzlichen Kindstod. Vor vielen Jahren sollte man die

Kinder unbedingt auf dem Rücken schlafen lassen, dann hieß es, man solle sie unbedingt im Keilkissen auf der Seite schlafen lassen, lange sollte man die Kinder auch auf dem Bauch schlafen lassen. Nichts ist so stetig, wie der Wandel.

Wenn Sie von diesem Buch erwarten, dass es Ihnen die eine und absolute Wahrheit vermittelt, dann können Sie es gleich wieder zuklappen und beiseite legen.

Mein Anspruch liegt nicht darin, das Rad neu zu erfinden und bahnbrechende, neue Theorien an den Mann zu bringen, sondern darin, meine positiven Erfahrungen im Umgang mit Hunden an Sie weiterzugeben und diese spiegeln eine Mixtur der verschiedensten Ansätze verschiedener Theorien wider.

Mein Anspruch ist es, Ihnen das Wesen Ihres Hundes näher zu bringen und Ihnen näher zu bringen, wie Sie den für Sie und Ihren Hund passenden Weg finden können.
Lernen Sie zu verstehen, wie Ihr Hund tickt.
Es wird Ihnen vielleicht im Laufe des Lesens dieses Buches so erscheinen, dass ich mich immer mal wiederhole. Das erscheint Ihnen nicht nur so, das tue ich tatsächlich. Dies liegt darin begründet, dass die Grundpfeiler in vielen Erziehungsbereichen sehr ähnlich sind und zusammen ein großes Ganzes ergeben.

Um Ihnen das Verhaltensrepertoire und die „Denkweise" Ihres Hundes näher zu bringen, wiederholt sich zwangsläufig das ein oder andere.

Jetzt wünsche ich Ihnen viel Spaß beim Lesen sowie Erfolg in der Umsetzung Ihres Trainings und wenn Sie nach Abschluss des Buches Fragen haben, senden Sie doch einfach eine e-mail an happy@happy-doggy.de oder treten Sie in Kontakt über das Formular auf www.happy-doggy.de

Ihre Daniela Habermann

Alles nur Fassade

Es ist komplett egal, ob Sie eine de Bordeaux Dogge oder einen Dackel haben. Ihr Hund ist ein Hund. Er denkt wie ein Hund und er fühlt das Herz eines Löwen (natürlich nur Sinngemäß – würde er sich doch nie wie eine Groß-KATZE fühlen) in sich schlagen, mag er auch ein Rehpinscher sein.

Unterscheiden tut den kleinen Hund vom großen Hund im Allgemeinen der Umgang seines Besitzers mit ihm.

Menschen, die einen großen Hund haben, sind vielmehr darauf vorbereitet, damit konfrontiert zu werden, dass man ihnen aus dem Weg geht und dass es eventuell gefährlich werden könnte, wenn der eigene Mastiff fröhlich mit dem Nachbarsdackel nachlaufen spielt und der Mastiff fröhlich auf dem Dackelrücken „abklatschen" will und innerlich jauchzt: „du bist!".

Wobei hier direkt einmal erwähnt sei, dass die meisten großen Hunde (wenn sie ausgewachsen sind) im Umgang mit kleineren Hunden vorsichtiger sind, als mit gleichgroßen Artgenossen.

Die Menschen, die kleine Hunde haben, kennen zwar die Angst, dass ihrem kleinen Hund etwas zustoßen könne, aber nicht so sehr die Angst, dass Gefahr von ihrem kleinen Gefährten ausgehen könnte. Er ist ja auch so klein und niedlich.

Aber: ein kleiner Hund, der beißt, ist auch kein Spaziergang. Ein kleiner Hund, der macht was er will und keine Erziehung genossen hat, macht keine Freude. Nicht nur nicht für Sie, auf keinen Fall jedoch für Ihre Umwelt.

Und auch ein kleiner Hund gehört nicht von Natur aus auf den Arm, oder in eine chice Tasche – er hat Beine, er kann laufen!

Erfahrungsgemäß wird der große Hund neugierig hoch springen und im Zweifelsfalle auch Sie direkt mit zu Boden werfen.

Im schlimmsten Falle kommt es sogar zu einer Attacke, weil der kleine Hund auf Ihrem Arm (oder in Ihrer Tasche) Theater macht, das er auf dem Boden nicht machen würde – er ist ja nicht verrückt. Sie setzen sich und Ihren Hund dann einer uneinschätzbaren Gefahr aus. Für Ihren kleinen Hund ist es ohnehin kein Zuckerschlecken, in einer solchen Situation auf den Arm genommen zu werden.

Stellen Sie sich bei allem was Sie so mit Ihrem vierbeinigen Schatz machen mal vor, er würde 80kg wiegen und hätte eine Höhe von über 70cm. Die von der Natur mitgegebenen Instinkte sind gleich und das Verhaltensrepertoire ist dasselbe.

Machen Sie Ihren Hund zu einem glücklichen Hund und werden Sie ein souveräner Hundeführer

Ziel meiner Bemühungen ist es, dass Sie zu einem souveränen Hundeführer werden.

Seien Sie zu jeder Zeit ein verlässlicher und zuverlässiger Partner. Ein Chef, bei dem man sich zurücklegen kann, da sich der Hund darauf verlassen kann, dass Sie die Entscheidungen treffen.

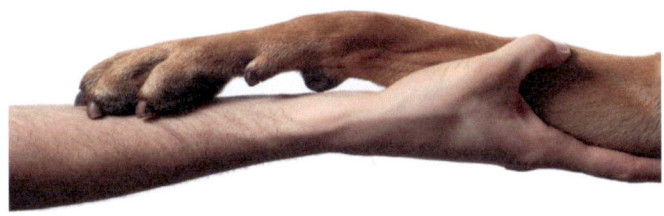

Ein Hund, der sich in der Position sieht, zu viele Entscheidungen selbst zu treffen, ist kein glücklicher und sicherlich auch kein ausgeglichener Hund.

Mein Arbeits- und Trainings-Ansatz mit Hunden liegt definitiv in der gewaltfreien Arbeit mit dem Tier.

Hier darf man aber gewaltfreie Arbeit nicht mit anti-
autoritärer Erziehung verwechseln.
Ein Hund weiß eine anti-autoritäre Erziehung nicht zu
schätzen. Sie werden keinen Erfolg mit Ihrem Hund
erzielen, wenn Sie sich mit ihm auf den Boden setzen,
ein paar Räucherstäbchen abbrennen und erst einmal
darüber reden, was Sie „nicht so gut" finden.
Im Gegenteil, um sich zu Recht zu finden, braucht Ihr
Hund klare Regeln und Grenzen.

Diese müssen Sie ihm setzen (wer auch sonst?) und
Sie müssen darauf achten, dass diese immer (und
zwar wirklich immer!) eingehalten werden.

Wenn Sie achtmal von zehnmal konsequent sind und
die anderen zweimal eben nicht, haben Sie keinen
„dreiviertel Erfolg". Ihr Hund lernt nur, dass es
grundsätzlich immer lohnend sein kann, noch einmal zu
hinterfragen, ob das denn nun echt „Ihr Ernst" sei.
Hat ja schon mal funktioniert.
Sie gehen nicht einmal einen Schritt voraus und fünf
Schritte zurück.

Es ist wichtig, dass Sie als Hundehalter immer
souverän und **fair** bleiben.

Wenn Sie einen schlechten Tag haben und total
genervt sind, trainieren Sie am besten gar nicht erst
mit Ihrem Hund, dann reicht ein trainingsfreier
Spaziergang. Sonst ist die Gefahr, den Ärger oder

Unmut des Tages zu schnell an unseren Vierbeiner weiterzugeben, wenn er nicht schnell genug (oder gerade mal gar nicht) reagiert, zu groß.

Das Training soll Ihnen beiden nicht nur Erfolg bringen, es soll auch Spaß machen. Frustrierende Erlebnisse gehören zwar auch immer mal dazu, aber diese stecken Sie (beide) an Ihren schlechten Tagen eben nicht so gut weg.

Zu einem souveränen Hundeführer gehört auch die Körpersprache und die Mimik des Menschen, diese versteht der Hund sehr gut.

Seien Sie in Ihren Körperbewegungen nicht hektisch. Seien Sie ruhig. Hampeln Sie nicht wild in der Gegend herum, das macht Ihren Hund nervös. Achten Sie auf Ihr Gesicht, Ihr Hund kann daraus eine Menge ablesen. Viele Haushunde haben sich beispielsweise im Zuge der Evolution ein „Lächeln" zugelegt, da Hunde versuchen, sich ihrem Umfeld anzupassen.

Hunde verfügen über ein sehr großes Repertoire an Ausdrucksmöglichkeiten - Sprache (in dem Falle Bellen) gehört am wenigsten dazu. Die evolutionären Vorfahren der Hunde, die Wölfe, sind hier in Gestik und Mimik sowie der Körpersprache noch um einiges differenzierter.

Diese erstaunliche Vielfalt ist bei unseren Haushunden mit der Zeit und den gezielten Züchtungen weitgehend verloren gegangen, zum Teil wurden sie aber ergänzt, wie beispielsweise mit dem „Lachen".

Dennoch können Sie sich darauf verlassen, dass Ihr Hund sehr genau beobachtet, wie Ihre Mimik, Gestik und Ihre Körpersprache ist. Dieses sind für ihn Anhaltspunkte, die er versucht zu verstehen, um in Ihrem Rudel –sei es auch noch so klein – zu bestehen.

Versuchen Sie zum Beispiel mal, Ihren Hund räumlich zu begrenzen. Rein durch Ihre Körperhaltung. Hunde machen das untereinander. Bewegen Sie sich seitlich auf Ihren Hund zu und schieben Sie ihn leicht beiseite. Tun Sie das bitte nicht frontal, das würde einer Bedrohung nahe kommen. Läuft zwischen ihnen beiden alles gut, „weicht" er.

Dies gilt auch beim Zugang/Durchgang zu bestimmten Räumen, stellen Sie sich seitlich zu Ihrem Hund und versperren Sie den Weg. Er wird es zunächst einmal an der anderen Seite versuchen – seien Sie vorbereitet und seien Sie schnell. Sie werden sehen, es funktioniert.

Aber: nicht rempeln, Sie sollen nur begrenzen, nicht Ihren Hund „tackeln".

Beobachten Sie Hunde auf einer Wiese, diese begrenzen sich sehr häufig in ihrem Bewegungsspielraum mit eben genau diesen Mitteln. Keine Sorge, Ihr Hund wird Sie jetzt nicht auch für einen Hund halten, aber er versteht das Signal, das Sie damit senden sehr schnell. Das Signal ist: ich bin hier der Chef und ich entscheide, wo du wann hin gehst und wohin nicht.

Dieses räumliche Begrenzen ist gerade für die Halter ganz wichtig, die das Problem haben, dass Ihr Hund nicht anerkennt, dass der Halter „übergeordnet" ist.

Und Ihr Hund wird sich nicht ungerecht behandelt fühlen, wenn Sie ihm gelegentlich willkürlich einfach den Weg versperren!

Ein weiterer Punkt bei der Körpersprache ist auch, dass, wenn Sie verdienter Massen mit Ihrem Hund schimpfen, Sie sofort auch Ihre Körperhaltung wieder ändern sollten, wenn Ihr Hund das unerwünschte Verhalten unterbricht.

Es reicht nicht, ihm zu sagen, das wäre gut. Er muss auch sehen, dass sich Ihre „Verkrampfung" löst.

Wir wissen alle, dass man sich automatisch anspannt, wenn man sich ärgert oder aufregt. Wenn Sie demnächst darauf achten, werden Sie es an sich selbst beobachten können.

Sie werden natürlich nicht den Geruch ändern können, den Sie bei Angst, Stress und ähnlichem ausdünsten, aber zumindest können Sie an Ihrer Körperhaltung arbeiten.

Die Körperhaltung ist auch wichtig, wenn wir mit unserem Hund trainieren. Stehen Sie nicht da, wie ein Schluck Wasser in der Kurve, sonst krümmt sich ihr Hund innerlich vor Lachen, wenn Sie ihm etwas abverlangen.

Drücken Sie sich klar aus, körperlich, wie stimmlich. Damit meine ich ganz sicher nicht, dass Sie barsch werden sollen!

Es reicht bei den meisten Kandidaten völlig aus, gerade zu stehen und über die Haltung ein gewisses Selbstbewusstsein auszustrahlen.

Was die stimmliche Vielfalt angeht, kommt es bei den meisten Hunden gut an, wenn Sie mit der hohen Stimme loben und mit der tiefen Stimme ermahnen. Diese Unterschiede in der Stimmlage helfen Ihrem Hund bei der Sache zu bleiben und zu unterscheiden, was super und was eher grenzwertig bis unerwünscht ist.

„Bei den meisten Hunden" schreibe ich dauernd deshalb, weil es immer Hunde gibt, die sich wenig bis gar nicht beeindrucken lassen und hier muss man dann anders an die Sache heran gehen.

Genauso wie manche Hunde sofort in tiefe Depressionen zu verfallen scheinen, wenn Sie einmal die Stimme erheben und richtig böse schimpfen. Welcher Weg für Sie und Ihren Hund werden Sie herausfinden.

Bei „Beratungsresistenten" Hunden empfehle ich dennoch, mal einen Fachmann zu Rate zu ziehen, der Ihnen ein paar Tipps geben kann, die Sie ans gewünschte Ziel bringen.

Ihr Hund merkt auch sehr wohl, ob Sie bei der Sache sind. Gehen Sie beispielsweise mit Ihrer Freundin spazieren und unterhalten sich, wird Ihr Hund sofort merken, dass Sie nicht mehr ganz konzentriert auf ihn sind und wird (die meisten Hunde zumindest) dies gnadenlos ausnutzen.

Hund ist nicht gleich Hund und wer hilft, wenn es hakt?

Jeder Hund hat seine eigene Persönlichkeit. So habe ich zum Beispiel zwei Landseer Hündinnen aus dem gleichen Wurf gehabt. Man sagt ja jeder Rasse seine eigenen Attribute nach und das ist auch richtig, aber dennoch gibt es auch innerhalb der Rasse und selbst innerhalb eines Wurfes signifikante Unterschiede im Charakter des Hundes zu erkennen.

So verhielt es sich auch mit meinen beiden Damen. Die eine extrem pflegeleicht und sehr leicht führig. Die andere (mein besonderer Liebling) äußerst selbstbewusst und bedurfte einer komplett anderen Erziehung, als die sensible Alina.

Beobachten Sie Ihren Hund und lernen Sie ihn kennen.

Natürlich gibt es genetische Grundlagen. Ein Jagdhund führt diesen Gruppennamen nicht ohne Grund. Genauso wie ein Hütehund hütet. Das macht aber noch lange nicht jeden Hütehund zum perfekten Familienhund, weil Sie sich überlegt haben, damit hätte er doch die besten Voraussetzungen. Ein Hütehund hütet aus der Historie Schafe und Ähnliches. In seinem Verhaltensrepertoire ist hinterlegt, dass er seine Herde auch schon mal in den Hintern zwickt, um diese da zu behalten, wo er sie haben will.

Das ist auch der Grund, warum ich bei Verhaltensfragen kein Freund von 0/8/15 Lösungen bin. Wenn man alles über einen Kamm schert, wird man nicht das bestmögliche Ergebnis erzielen. Es gibt viele Lösungen, die allgemeingültig sind und dafür ist dieser Ratgeber gedacht. Er funktioniert bei sehr vielen Hunden, weil er im Grunde Ihnen ein paar Richtlinien mit auf den Weg geben soll.

Abgesehen davon, sind im Grunde ohnehin meist mehr **Sie** gefragt, als Ihr vierbeiniger Freund.

Die gute Nachricht ist, dass Sie unglaublich viel erreichen können, wenn Sie sich an ein paar Grundpfeilern orientieren, die schlechte Nachricht ist, SIE müssen es tun und umsetzen.
Das hat zur Folge, dass auch nicht immer gleich jeder Verhaltenstherapeut und jeder Hundehalter miteinander kooperieren können.

Wie erkennen Sie denn einen Verhaltenstherapeuten, der Sie gut und kompetent begleiten kann?

- Zunächst einmal sollte die Chemie zwischen Ihnen beiden stimmen. Mögen Sie den Tierverhaltensberater nicht, werden Sie auch nicht, und wenn dann nur widerwillig, das umsetzen, was er Ihnen sagt

- Stellen Sie Fragen, wenn Sie etwas nicht verstehen. Ein guter Verhaltenstherapeut wird sich bemühen, alle Fragen (auch mehrfach) geduldig und verständlich zu beantworten

- Wenn Sie im Familienverbund leben und bei der Beratung nicht alle Familienmitglieder anwesend sein können, lassen Sie sich die Behandlungsempfehlung schriftlich geben, damit auch wirklich alle an einem Strang ziehen können – es gibt sonst nur neue, andere Probleme

- Lassen Sie sich keine 0/8/15 Lösungen verkaufen. Damit Sie zielführend arbeiten können, sollte eine Lösung des Problems an Sie und Ihren Hund angepasst sein

Schauen Sie, dass der Ansatz mit dem, was Sie umsetzen können, übereinstimmt. Wenn Sie einen Hund haben wollen, der blind gehorcht und dessen Willen gebrochen wird, gibt es auch hierfür Trainer (wenden Sie sich nur bitte nicht an mich!).

Ein guter Verhaltenstherapeut hat das Wohl des Hundes im Auge und nicht sein Portemonnaie. Selbstverständlich ist die Leistung auch monetär zu entgelten, aber ein guter Therapeut wird Ihnen nicht „einfach willkürlich" das Geld aus der Tasche ziehen.

Ein ausgelasteter Hund ist ein glücklicher Hund

Ein ausgelasteter Hund ist nicht zwingend ausgelastet, wenn wir stundenlang mit ihm spazieren gehen.

Davon wird er zwar müde, aber zur Auslastung gehört auch der Denksport, bzw. die Auslastung durch Aufgaben und Training.

So ist zum Beispiel „Nasenarbeit" für einige Minuten für Ihren Hund viel anstrengender als ein stundenlanger Spaziergang.

Das heißt natürlich nicht, dass Sie jetzt Ihren Hund nach einem Maulwurf graben lassen und wieder nach Hause gehen.

Die richtige Mischung ist, wie bei fast allem im Leben, überaus bedeutsam.

Wenn Sie Ihren Hund über stumpfe, neben-einander-her-lauf-Spaziergänge hinaus beschäftigen, erzielen Sie einen weiteren Gewinn: Sie stärken die Bindung zwischen Ihnen und Ihrem vierbeinigen Gefährten.

Bindungsbereitschaft beim Hund bedeutet, dass er bereit ist, sich an uns zu binden und dies ist – aus seiner Sicht – für sein Überleben auch durchaus sinnvoll. Wie stark diese Bindung wird, hängt sehr stark von uns ab und ob wir die Grundregeln dafür beherzigen.

Sehr gut geeignet, die Bindung zu stärken, sind gemeinsame Aktivitäten wie Agility, oder anderer Hundesport und auch Versteckspiele (z.B. hinter Bäumen im Wald) sind sehr gut geeignet, um die Bindung zu vertiefen.

Gemeinsames „Beutesuchen", bei dem Sie vorher Leckerlies verstecken, sind prima, um einen Hund mit einem ausgeprägten Jagdinstinkt ein wenig mehr „unter Kontrolle" zu bekommen und ihn auch entsprechend auszulasten.

Ein weiterer Hundesport, der bei vielen Hunden sehr gut ankommt, ist das Longieren mit Hunden. Dieses Longieren mit Hunden basiert eigentlich auf den gleichen, oder zumindest sehr ähnlichen, Grundlagen wie beim Pferdesport.

Überfordern Sie Ihren Hund nicht !

Auch ist es wichtig, um ein (für Ihren Hund und von Ihrem Hund) anerkannter Hundeführer zu sein, dass Sie das Training an das Lerntempo Ihres Hundes anpassen. Wenn Sie ihn überfordern, wird er resignieren und die Arbeit mit ihm wird um einiges schwieriger.

Oftmals beobachte ich, dass Hundehalter im Training ihren Hund bereits korrigieren, obwohl Sie noch gar keinen auszuführenden Befehl gegeben haben. Ihr Hund beobachtet Sie zwar, aber er kann nicht Gedanken lesen. Geben Sie ihm die Chance, das Beste aus sich heraus zu holen.

Dazu gehört eben auch ganz essentiell, dass Sie sich im Rahmen **seiner** Möglichkeiten bewegen und ihn eben nicht überfordern!

Nehmen wir zum Beispiel an, Sie üben mit Ihrem Hund ablegen, auch „bleib" genannt. Wenn es für Ihren Hund zu schwierig ist, über mehrere Minuten, oder über eine für ihn zu große Distanz zu Ihnen liegen zu bleiben, dann starten Sie mit kleinen Schritten.

Diese kleinen Schritte können Sie dann belohnen und Ihr Hund wird bemüht sein, sein Bestes zu geben.

Steigern Sie die Übung immer erst dann, wenn Ihr Hund wirklich mühelos liegen bleiben kann. Auch hier ist das Thema Timing ein ganz wichtiger Aspekt!

Leckerlies und Bewegung

Wenn Sie morgens und abends mal rasch mit Ihrem Vierbeiner um den Häuserblock rauschen, damit er seine Geschäfte erledigen kann, dann kann ich Ihnen sagen: er hat definitiv zu wenig Bewegung. Je nach Größe und Rasse benötigt ein Hund zwar unterschiedliche Längen eines Spazierganges, weil der Bewegungsdrang recht stark variieren kann, aber Bewegung braucht jeder Hund.

Außerdem benötigen Sie selbst ja auch diese Spaziergänge, um Ihren Hund auszulasten und die Bindung zwischen Ihnen zu stärken und zu erhalten (s.h. ausgelasteter Hund).

Damit Sie keinen Vertreter bekommen, der übergewichtig ist, können Sie die Leckerlies, die es als Belohnung gibt, auch gerne mit Bewegung ausgleichen. Somit schlagen Sie gleich zwei Fliegen mit einer Klappe.

Nein! Sie müssen jetzt nicht Ihren Beruf aufgeben und 24 Stunden in den Parks und Wäldern dieser Welt verbringen!

Aber jedem Hundehalter sollte klar sein, dass ein, wie bei uns Menschen auch, gesunder Geist in einem gesunden Körper wohnt und der Körper unseres Hundes kann nur gesund bleiben, wenn er für seine Bedürfnisse ausreichend bewegt wird.

Es gibt Ratschläge für die Hundehalter, die die schlanke Linie ihres Hundes im Sinn haben: sie sollen die Leckerlies einfach vom Futter abzwacken, somit würde ihr Hund auch nicht zunehmen.

Guter Ratschlag, wenn man beispielsweise einen Cocker oder einen Labrador sein Eigen nennt. Wobei selbst diese- eher Futter bejahenden Rassen- nicht unbedingt durch ihr eigenes Futter zu motivieren sind.
Und genau das bezwecken wir, wenn wir Leckerchen geben, wir wollen unseren Hund motivieren.

Leckerlies sollen schmecken! Sie sind unser „Freund" bei der Erziehung unserer Hunde!

Machen Sie sich Mühe!

Finden Sie heraus, was genau Ihr Hund unwiderstehlich findet.
Die meisten Hunde lieben kleine, gekochte Hühnchenstückchen (oder Schinkenwurststückchen) und sind bereit, fast alles dafür zu tun.
Abgesehen davon ist Hühnchenfleisch keine Kalorienbombe und man kann es ohne schlechtes Gewissen zum Loben einsetzen.

Genau solche Leckerlies sind die Belohnung der Wahl, wenn man etwas erreichen möchte. Haben Sie das Gefühl, Ihr Hund ist langsam gelangweilt von den anfangs großartigen Leckerlies - wechseln Sie.

Leberwurst in der Tube ist auch immer wieder gerne genommen und in jedem Tierfachhandel erhältlich.

Und verabschieden Sie sich von dem Gedanken, Sie würden einen korrupten Hund erschaffen, er ist MOTIVIERT.

Wer geht hier mit wem?

Sieht es so oder so ähnlich aus, wenn Sie mit Ihrem kleinen Liebling spazieren gehen?

Wenn Sie so hinter Ihrem Hund (oder ähnlich) her fliegen, akzeptiert Ihr Hund das Ende der Leine nicht.

Auch würde ich Ihnen raten, Ihren vierbeinigen Freund nicht mit oder an der Leine kauen/spielen zu lassen.

Die Leine ist in diesem Fall die Verbindung zwischen Ihnen und wenn er diese nicht akzeptiert, akzeptiert er auch Sie nicht.
Leinenführigkeit ist ein Weg, der mit wirklich sehr vielen Ansätzen versucht wird zu erreichen und es erscheint alles viel, viel leichter, als es tatsächlich in der Umsetzung ist.

Es ist allerdings auch so, dass es eine Art „unsichtbare Leine" gibt, die Ihr Hund erkennt, wenn Sie stark auf ihn konzentriert sind und wenn die Akzeptanz erst einmal etabliert ist.

Diese „unsichtbare Leine" funktioniert im Grunde genauso, wie die an der Sie meistens am anderen Ende hängen – nur, dass Sie eben nicht mehr lästig für Ihren Hund dran hängen sondern es vielmehr geschafft haben, Ihren Hund auch ohne die Leine (fast – es gibt immer mal wieder Ablenkungen, die einem das Leben schwer machen) gut kontrollieren können.
Dies funktioniert aber tatsächlich auch nur mit der entsprechenden Konzentration auf Ihren Hund, sind Sie nicht bei der Sache, löst sich diese unsichtbare Leine in „einen seidenen Faden" auf.

Diese unsichtbare Leine sollten Sie auch nicht zu lang werden lassen. Es gibt bei Ihrem Hund eine Distanz zu Ihnen, bei der er sich noch gut abrufen lässt, ist diese Distanz überschritten, wird der kleine (oder große) Gangster nicht mehr kommen, wenn Sie rufen und er aber gerade wichtige andere Dinge zu erledigen hat.

Es ist wichtig, dass Sie diese Distanz kennenlernen und lernen, darauf zu achten, dass diese Distanz nicht überschritten wird.

Die meisten Menschen reagieren persönlich beleidigt, wenn der geliebte Hund „stritzen" geht und in der Ferne nach Abenteuern sucht. Es erscheint einem so, als sei der kleine Verräter doch so undankbar, wo man selbst als Halter doch alles für ihn tut – soll er doch gucken, wo er bleibt.
Macht natürlich keiner.

Die meisten Hundehalter stehen sich im Zweifel auch schon mal eine Stunde die Beine in den Bauch, in der Hoffnung, ihr Hund sei irgendwann mal mit was auch immer fertig und komme dann reumütig zurück zu ihm. Meist kommt er dann auch, aber von reumütig keine Spur.

Ihr Hund meint das nicht persönlich – ein anderer Reiz war einfach viel interessanter als Sie. Super ist es natürlich, wenn Sie es hinbekommen, dass Sie für Ihren Hund den interessantesten Reiz darstellen und somit kaum noch etwas passieren kann, das ihn zu dieser Abenteuerlust anstacheln könnte.

Ihr Hund hört nicht (auf Sie)?

Wer kennt das nicht? Munter geben wir unserem Hund den Befehl „sitz".
Erwartungsvoll sehen wir auf unseren Sprössling hinab.
Unser Hund hingegen scheint uns nicht gehört zu haben.
Also wiederholen wir unsere Aufforderungen noch einmal mit etwas mehr Nachdruck: „sitz!".
Leider bleibt unsere Hoffnung unerfüllt und wir befürchten, unser Hund sei ganz plötzlich von Taubheit geschlagen.
Also fangen wir an und rufen lauter und eindeutiger „SIIITTZZZZ!".
Nachdem auch dies von unserem vierbeinigen Gefährten, mit etwas auf der Stelle schnuppern, außer Acht gelassen wird, folgt Plan B: Relativ aufgebracht fangen wir an:" Sag mal, hörst du nicht? Ich habe dir doch gesagt, du sollst Sitz machen! Spreche ich denn Chinesisch?"

Erkennen Sie sich wieder?

Es ist erstaunlich, wie schnell man sich dabei ertappen kann (wenn man erst einmal darauf achtet), dass man in ganzen Sätzen – so wie die gute Kinderstube es einen gelehrt hat- mit seinem Hund spricht.

Ihr Hund hat Sie allerdings beim ersten „Sitz" schon gehört. Hunde sind durchaus, mit etwas Übung, dazu in der Lage, selbst in der hintersten Ecke eines sehr, sehr großen Gartens, das leise Öffnen der Schranktüre zu hören, hinter der die Leckerlies liegen.

Somit dürfen wir beruhigt davon ausgehen, dass er unsere Befehle, die wir ihm geben, wenn wir in seiner unmittelbaren Nähe stehen, selbst flüsternd hört und auch versteht.

Was ihr Hund durchaus gelernt haben wird, ist, dass es sich lohnt, einen Befehl zu ignorieren, wenn Sie in der Vergangenheit irgendwann frustriert aufgegeben haben und es ihm haben durchgehen lassen, dass er eben **nicht** „sitz" gemacht hat.

In diesem Moment fällt Ihr Hund die Entscheidung, ob er sitz machen möchte, oder eben nicht.

FAZIT: das richtige Signal ist **einmal** (!) das Kommando „sitz" und das richtige Timing ist, den Hund sofort (!) zu loben, sobald er sitzt.

Wenn Sie einen Einzelhund haben, sprechen Sie das Kommando nicht in Verbindung mit seinem Namen aus. Er weiß, dass Sie ihn meinen und nicht ihren Ehepartner oder Ihre Schwiegermutter.

Ist Ihr Hund nicht daran gewöhnt, sofort „sitz" zu machen, wenn Sie es einfordern, sollten Sie spätestens morgen anfangen, mehrmals über den Tag verteilt, Kommandos wie „sitz" und „Platz" abzurufen.

Arbeiten Sie mit Leckerlies.

Es ist ein Irrglaube, dass ein Hund auf Ihre Kommandos hören muss, nur weil Sie sie ihm geben soll und der Einsatz von Leckerlies Quatsch ist.

Stellen Sie sich hierzu ein Arbeitsverhältnis vor:

Ihr Chef verlangt von Ihnen, dass Sie nach seiner Pfeife tanzen, jeden Tag arbeiten, fehlerlos und zu jeder Zeit, die er von Ihnen erwartet.

Er sieht aber gar nicht ein, Sie dafür auch noch zu bezahlen, Sie können doch froh sein, dass Sie für ihn arbeiten dürfen.

Klingt nicht gerade nach gewinnbringendem Arbeitsverhältnis.

Lobt Ihr Chef aber Ihre Bemühungen und Erfolge, sind Sie geschmeichelt und motiviert, eine noch bessere Leistung abzuliefern. Erst recht, wenn es für besondere Erfolge Boni gibt.

Es gibt auch durchaus Hunde, denen es genügt, dass sie Ihre Freude auf sich ziehen und ein paar Streicheleinheiten und Lob erzielen den gleichen Erfolg wie ein Leckerchen.

Wenn das bei Ihnen so ist – prima, Glückwunsch! Sie haben viel Geld gespart.

Aber auch dann gilt es das Timing zu beachten, wann Sie loben und streicheln.

Die Belohnung (dargegeben in welcher Form auch immer) auf den Punkt in der Sekunde des erwünschten Verhaltens gegeben werden. Naja, in den ersten Sekunden.

Sitzt Ihr Hund brav und Sie haben ihn gelobt, passiert es häufig, dass der Hund den Befehl wieder auflöst (eigene Entscheidung-unerwünscht) und einfach aufsteht. Korrigieren Sie ihn dann sofort, indem Sie das Kommando nochmals geben (wenn nötig, mit sanftem Druck auf den Po bestärken). Wichtig ist, dass Sie ihn dann nicht wieder loben! Lob gibt es für ein richtig ausgeführtes Kommando, nicht für eine Entscheidung, das Kommando ad acta zu legen. Mit allen anderen Kommandos verhält es sich natürlich gleich.

Wenn Sie gelernt haben (brav), dass Ihr Hund nicht so lange sitzen bleiben kann, dann lösen Sie das

Kommando alsbald wieder auf, bevor er es tut.
Übungen und Trainingseinheiten sollten mit möglich
viel positiven Verknüpfungen verbunden sein - sowohl
für Sie als auch für Ihren Hund, da zählen auch kleine
Erfolge, die sich stetig steigern lassen.

Machen Sie sich auch immer stimmlich interessant,
damit Sie Ihren Hund gedanklich bei sich haben und
er sich auf Sie konzentriert. Das ist schon die halbe
Miete.

Der kleine Prinz

Der kleine Prinz war unglaublich süß, als er klein war und da er halt auch klein geblieben ist, hat man nicht so sehr darüber nachgedacht, dass er halt auch genauso ein Hund ist, wie allen anderen Hunde.

Dass es ebenso wenig lustig ist, wenn der kleine Prinz nicht kommt, wenn man ihn ruft, wenn er einen ganz geschmeidig ignoriert, was auch immer man versucht, von ihm abzuverlangen.

Der Weg vom kleinen Prinzen zum gehorsamen Partner erfolgt unausweichlich über die Enttrohnung.

Dies ist gerade für die Besitzer kleiner Hunde oftmals sehr, sehr schwierig. Ist ihr kleiner Schatz doch soooo süß.

Ich kann nur sagen: geht so. Sooo süß ist es nicht, wenn er einfach nur tut und lässt, was ihm beliebt und sich gegebenenfalls gerade das reichen lässt, was seine Majestät als angemessen erachtet.

Wenn Sie auf dem Sofa soweit mit Ihrem Partner zusammen rücken müssen, wie es Ihnen freiwillig nicht in den Sinn käme, nur weil der kleine Liebling deutlich macht, dass er gerne mehr Platz hätte.

Bitte, finden Sie das nicht niedlich!

Lassen Sie Ihren Hund für sein Futter arbeiten. In den ersten zwei Wochen erhält Ihr Hund seine tägliche Futterration nur in Verbindung für die von Ihnen abgerufenen Aufgaben. Ob es sich hierbei um Sitz, Platz, Bleib oder Komm handelt ist dabei total zweitrangig.

Wichtig ist, dass Ihr Hund lernt, dass Sie der Herrscher über das Futter – also eine seiner wichtigsten Ressourcen – sind

Gehen Sie zuerst durch die Türe. Egal ob durch die Zimmertüren Ihrer Wohnung, oder die Haustüre. Sie sind immer der-/diejenige, die einen Raum zuerst betritt/verlässt.

Liegt Ihr Hund auf dem Sofa, scheuchen Sie ihn ruhig immer mal zwischendurch wieder runter und gestatten Sie ihm erst wieder auf das Sofa zu kommen, wenn Sie es für angemessen halten.

Wenn Ihr Hund im Weg liegt, steigen Sie nicht über ihn hinweg, damit er schön weiterschlafen kann. Fordern Sie ihn auf aus dem Weg zu gehen, oder stupsen Sie ihn leicht an und bahnen Sie sich dann den Weg.

Diese Verhaltensweise bitte nicht durchführen, wenn Ihr Hund bereits einmal nach Ihnen geschnappt hat! Das gilt auch für die Sofa-Situation.
Die Enttrohnung und seine neue „huch-wieso-darf-ich-hier-nix-mehr-Position" würden kein gewünschtes Resultat hervor bringen. Er könnte auch durchaus mal etwas fordernder hinterfragen, ob das nun wirklich Ihr Ernst ist.

Wenn Sie einen Hund haben, der bereits nach Ihnen geschnappt hat, sollten Sie diese Übungen ohne professionelle Hilfe besser nicht durch- und einführen.

Wie schlau ist Ihr Hund?

Selbstverständlich hält jeder Besitzer seinen Hund
für besonders schlau!
Wie oft höre ich „der versteht aber jedes Wort!"
Glauben Sie mir, tut er nicht!
Hunde sind in erster Linie Ressourcenbezogen. Und
sie sind pfiffig darin, diese Ressourcen für sich
einzustreichen und gerne auch zu erweitern. Im
Klartext definieren sich Ressourcen hauptsächlich

durch Futter, Wasser, Liegestellen, Streicheleinheiten, sexuelle Aktivität.

Lassen Sie Ihren Hund auf Ihrem Sofa/Bett liegen, ihn an ihrem Bein rammeln, ihn Sie dazu auffordern, ihn zu streicheln, indem er Sie anstupst, gibt es zu jeder Zeit etwas zu fressen, wenn er um den Napf tänzelt, dann hat Ihr Hund alles richtig gemacht.

Und Sie dürfen sich auch nicht wundern, wenn er Ihnen auf der Nase herum tanzt.

Es spricht gar nichts dagegen, all dies zu tun (vom Rammeln mal abgesehen, das ist inakzeptabel!), solange Sie als Rudelführer und Hundeführer akzeptiert sind.

Pfiffig in der Erhaltung ihres eigenen Lebens und der Erweiterung ihres Wirkungskreises sind alle Hunde. Es gibt allerdings Unterschiede in der Intelligenz der Hunde und dementsprechend sind auch die intelligenteren Exemplare zu mehr Leistungen und Kunststücken zu motivieren, beziehungsweise dazu in der Lage, diese umzusetzen, als andere.

Wenn Sie einen „dummen" Hund haben, sind Sie in der vermeintlich glücklichen Situation, diesen Hund nicht noch intellektuell fördern und fordern zu müssen.

Ihr schlauer Hund wird viel von Ihnen abverlangen und wenn Sie einen glücklichen und gehorsamen Hund haben wollen, ist es an Ihnen, diese Zusatzleistungen zu erbringen.

Hütehunde gelten beispielsweise als besonders intelligent.

Sie kommen nach einem dreistündigen Spaziergang nach Hause, sind total am Ende und Ihr Hund fragt mit den Augen ‚ok, was machen wir jetzt?"

In jungen Jahren habe auch ich diese Erfahrung mit meinem Bearded Collie „Sammy" gemacht.

Der war einfach nicht kaputt zu kriegen.

Erst als ich gelernt habe, dass man mit einem Hund, der aufgrund seiner Intelligenz besonders anspruchsvoll ist anders umgehen muss (oder sollte), habe ich gelernt, ihm gerecht zu werden.

Mehr Versteckspiele, mehr Denkaufgaben, ausgefeilte Suchspiele machten dann auch ihn endlich zu einem ausgelasteten und glücklichen Hund.

Werfen sie Ihrem Hund mal eine (leichte!) Decke über den Kopf, so dass er nichts mehr sehen kann – sie werden beobachten können, wie schnell (oder eben auch nicht), er sich daraus befreit.

Oder Sie werfen ein Bällchen so unter den Schrank, so dass er nur mit der Pfote daran kommen kann.

Und dann warten Sie.

Nachdem Sie nun eine gewisse Einschätzung haben, können Sie sich mit Beschäftigungsmethoden für Ihren Hund auseinander setzen.

Im Tierfachhandel gibt es eine Auswahl an „Intelligenzspielen", es gibt aber auch interessante Literatur mit guten Ideen hierzu, die auch überall im Fachhandel erhältlich sind.

Am besten suchen Sie etwas aus, dass Sie mit Ihrem Hund zusammen machen und er sich nicht solitär damit beschäftigen muss, das stärkt obendrein noch die Bindung zwischen Ihnen beiden.

Der gestresste Hund

Ein Hund, der unter Dauerstress steht, kann eine tickende Zeitbombe sein. Dieser Stress äußert sich z.B. in

- Dauer-Hecheln
- ständigem Gähnen
- Ruhelosigkeit
- Nervösität
- Durchfall

Durchfall ist durchaus ein Stressmerkmal und das kann auch eine plausible Erklärung dafür sein, dass beispielsweise ein Durchfall geblieben ist, selbst wenn erfolgreich auf Parasiten behandelt wurde.

Man kann zu Anfang durch den Tierarzt den Serotonin-Wert im Blut des Hundes messen lassen. Ist dieser nicht dem Normalwert entsprechend, sollte man hier erst einmal behandeln, bevor man weitere Therapieschritte einleitet.

Die Therapie eines gestressten Hundes ist meist recht langwierig.

Ein gestresster Hund kann sich schlechter konzentrieren und wird, aller Wahrscheinlichkeit nach, auch nicht gerade bestens auf Ihre Kommandos reagieren.

Nachdem Sie klinische Beschwerden haben ausschließen lassen, ist hier der Weg, dass Sie zunächst den Stressauslöser finden (dies ist nicht so ganz einfach und erfordert meist professionelle Unterstützung durch einen erfahrenen Tierpsychologen) und erst nachdem die Stressfaktoren abgeschafft, oder auf ein Minimum reduziert sind, können Sie anfangen, am Grundgehorsam weiter zu feilen.

Oftmals ist der Stress auch genetisch vorbedingt und man kann ihn nicht gänzlich auslöschen, da die Prädisposition des einzelnen Hundes dies nicht zulässt. Sicherlich kann man aber Besserung erzielen. Hier sollten Sie sich aber im Zweifelsfalle unbedingt professionell unterstützen lassen.

Es kann für einen Hund auch unglaublich stressig sein, wenn er dauernd alle Entscheidungen selbst treffen „muss"

Hunde empfinden diese Entscheidungsfreiheit nicht als Privileg.

Oftmals sind Hunde auch gestresster, die zu Hause alles „kontrollieren". Der Hund bestimmt, wann gespielt wird und wann das Spiel zu Ende ist. Er kommt und fordert Streicheleinheiten ein und steuert auch hier.
Aus Hundesicht stehen damit die anderen Familienmitglieder in der „Rudelfolge" unter ihm. Nur der Rangniedere buhlt um Aufmerksamkeit.
Jetzt würde man es aus menschlich psychologischer Sicht vielleicht ganz nett finden, aus Hundesicht kann das sehr (!) verunsichernd sein.

Zunächst einmal würde ich Sie bitten, eine Art Stressprotokoll zu führen, in dem Sie sich kurze Notizen machen, wann und unter welchen Umständen zum Beispiel die „Schnappatmung" einsetzt. Es wäre

wichtig, bereits jetzt damit anzufangen, auch abends mal zu zählen, wie oft Ihr Hund aufsteht (ruhelos ist), um sich dann einfach wieder hinzulegen.
In welchen Situation und wie oft gähnt er ständig nacheinander.
Dies schärft zum einen Ihren Blick für Ihren Hund und zum anderen macht es die Einschätzung für den Therapeuten, den Sie vielleicht brauchen werden leichter, er kann ja nicht für mehrere Tage bei Ihnen einziehen, um solch eine „Studie" zu betreiben.

Dieses „Protokoll" wird helfen, zu erkennen, was genau den Stress auslöst und was man umstellen sollte und in welcher zeitlichen Abfolge man dies tun sollte.

„Zerstörungswut" – oder: so sah die Wohnung doch
nicht aus, als ich gegangen bin..

Wenn Sie nach Hause kommen und Ihr Hund hat in Ihrer Abwesenheit die Wohnung nach seinen Vorstellungen umgestaltet, schimpfen Sie nicht!

Atmen Sie tief durch. Verabschieden Sie sich von dem Gedanken, er habe ein schlechtes Gewissen, weil er ganz schuldbewusst drein guckt. Ein Hund hat kein schlechtes Gewissen. Nie. Wenn er schuldbewusst erscheint, dann hat er irgendwann in der Vergangenheit mal Ihren Unmut in einer für ihn nicht mehr zu assoziierenden Situation kennengelernt und weiß, dass Sie manchmal einfach schlechte Laune haben, wenn Sie nach Hause kommen. Die Verknüpfung zu dem zerlegten Sofa in diesem Zusammenhang bleibt definitiv aus, auch wenn Sie ihm den Corpus Delicti zeigen. Das ist wissenschaftlich erwiesen!

Oft höre ich von Kunden „der wusste ganz genau, was er gemacht hat und dann kam er ganz schuldbewusst an und wollte sich entschuldigen".

Vergessen Sie es! Erstens sieht der Hund höchstens, weil er ja nun einmal ein ganz besonders guter Beobachter seines Rudels ist, dass Sie schlecht drauf sind. Vielleicht sogar richtig wütend. Somit wird er sofort versuchen, Sie zu beschwichtigen – was ja auch die richtige Verhaltensweise seines Repertoires ist. Hund entschuldigen sich nicht! Und sie haben definitiv kein schlechtes Gewissen!

Überlegen Sie lieber, ob Sie alle Voraussetzungen erfüllt haben, damit Ihr Hund entspannt alleine zu Hause bleiben kann:

Waren Sie vorher ausgiebig mit ihm spazieren?
Hat er einen Kauknochen oder ähnliches auf seiner Decke, um sich in Ihrer Abwesenheit zu beschäftigen?
Hat er gelernt alleine zu bleiben (langsame Steigerungen)?
Hatte er das ganze Haus zur Verfügung für seinen Streifzug durch die Gemeinde?

Geben Sie Ihrem Hund die Möglichkeit artig zu Hause zu bleiben. Geben Sie ihm genug Raum, aber nicht zu viel.
Gehen Sie vorher ausgiebig mit ihm spazieren.
Beginnen Sie das alleine lassen in kleinen Schritten – Minutentakt- und steigern Sie es täglich und konstant.
Machen Sie kein Fass auf, wenn Sie gehen (kein „ach, mein armer Liebling, ich muss jetzt weg und du musst hier ganz alleine bleiben...)
Sagen Sie kurz Tschüss – reicht.
Zur Begrüßung nach Ihrer Rückkehr gibt es auch keine Party!
Kurz streicheln (aber erst, wenn er oder sie sich beruhigt haben) und gut. Ein kleines „bin wieder da" ist noch ok, aber den ganzen Salmon von „ach, da bin ich wieder, warst du soooooo lange alleine? Du bist ein

arrrrrrmer Hund!!!" können und vor allem sollten Sie sich sparen!

Nochmals: Ein ausgelasteter Hund ist ein glücklicher Hund.

Wenn Ihr Hund genug Auslauf hatte und die sonstigen Regeln befolgt wurden, sollte es kein Problem für einen erwachsenen Hund darstellen, ein paar Stunden alleine zu bleiben.

Allerdings gibt es auch Ausnahmen in Form von Verlustängsten – diese sind aber eher selten und sollte dies der Fall sein, werden Sie um professionelle Unterstützung wahrscheinlich nicht herum kommen.

Ob Ihr Hund an akuten Verlustängsten leidet?

Gehen Sie die Checkliste durch, wenn Sie dies alles bedacht haben und umgesetzt haben und Ihr Hund immer noch aktiv Randale macht – dann kann das durchaus möglich sein. Achten Sie auch darauf, wie Ihr Hund sich verhält, wenn Sie nach Hause kommen. Ist er erschöpft? Hechelt er stark? Hunde mit Verlustängsten sind extrem unter Stress, wenn ihre Besitzer nicht da sind. Oftmals erfolgt dann die Zerstörung auch unter lautstarkem Bellen und/oder Wolfsheulen.

Wenn Ihr Hund heult, bedeutet das, dass er versucht, sein Rudel zusammen zu rufen. Das ist ihm aus der Evolution noch mit in seinem Repertoire verblieben.

Wenn man einen Hund hat, der nicht alleine bleibt, oder in dieser Zeit alles zerstört, ist das eine sehr große Belastungsprobe für Halter und Tier.

Die wenigsten Menschen bleiben dauerhaft entspannt, bei immer wiederkehrenden Zerstörungsattacken. Hinzu kommt, wenn der Hund dabei noch bellt, dass sich bald Probleme mit Nachbarn einstellen können und man richtig unter Druck gerät.

Hier erscheint oft der einzige Weg zu sein, sich von dem Hund zu trennen.

Machen Sie es sich bitte nicht zu leicht! Es gibt sehr oft, Mittel und Wege solche unerwünschten Verhaltensweisen auszumerzen. Allerdings gibt es manchmal auch keinen anderen Weg als die Trennung. Aber wie gesagt, geben Sie Ihrem Hund bitte vorher erst die Chance, alles richtig zu machen!

Rudelhaltung

Manche Menschen denken sich, wenn ich einen habe,
dann komme ich auch mit zwei Hunden zurecht.
Stimmt, meistens funktioniert das noch soweit (!)
ganz gut.
Richtig schwierig ist es, wenn aus zwei Hunden dann
drei oder vier oder sogar mehr werden.
Die Haltung eines Rudels stellt uns Menschen vor
ganze neue Herausforderungen. Ein nicht
hundeerfahrener Mensch wird hoffentlich niemals
auf die Idee kommen, mehrere Hunde zu halten, aber
selbst die erfahrenen Hundehalter geraten hier
häufig an ihre Grenzen.

So gibt es auch viele Theorien, wie ein eigenes häusliches Rudel interaktiv funktionieren sollte und funktionieren muss, damit „Ruhe" ist und es nicht zu Übergriffen kommt.

Es ist ein Trugschluss davon auszugehen, dass, wenn die Hunde sich von klein auf kennen, sie für immer und ewig Freunde sein werden. Ein weiterer Trugschluss ist es, dass Hunde, wenn ein Hund im Rudel alt, schwach oder krank ist, er einen „Senioren Status" eingeräumt bekommt und die anderen Hunde im Rudel ihn in Ruhe lassen. So etwas gibt es in unseren moralischen Vorstellungen, bei Hunden gibt es das nicht.

Ist ein Hund im Rudel stark geschwächt, wird er von allen anderen Hunden im Rudel attackiert. In der freien Natur würde er aus dem Rudel vertrieben werden, oder sogar tot gebissen werden.

Als stolzer Rudelhalter sollten Sie die einzelnen Charakter Ihrer Hunde sehr gut kennen.

Und man darf nicht vergessen wie wichtig es ist, in diesem Rudel ganz klar der Rudelführer zu sein. Ist es vergleichsweise einfach, mit seinem Einzelhund eine Bindung aufzubauen, so potenziert sich diese Aufgabe mit jedem neuen Hund im Rudel um ein Vielfaches.

Es ist nicht so, als würden Ihre Hunde dann alles unter einander und alleine regeln.

Oder besser gesagt, das tun sie tatsächlich, aber dann muss man auch mit kräftigen Verletzungen und Schlimmeren klar kommen können und ich kann mir nicht vorstellen, dass ein Hundefreund das bei seinen eigenen Hunden erleben möchte.

Wenn Sie der Chef Ihres Rudels sind, ist alles gut.

Seien Sie sich nur vor Anschaffung eines Rudels darüber im Klaren, dass dies eine wirkliche Aufgabe und Verantwortung ist und Ihnen weit mehr abverlangt als das tägliche Training mit nur einem Hund.

Das mag jetzt so klingen, als sei ich kein Freund von Rudelhaltung – stimmt ganz und gar nicht!

Ich finde Rudelhaltung toll, man muss nur die nötigen Voraussetzungen dafür mitbringen!

Geduld lernen

Bei mir bekommt kein Hund seine tägliche
Futterration aus der Schüssel ohne ein bestimmtes
Ritual.

Das bringe ich meinen Hunden bereits im Welpenalter
bei (das ist allerdings für den Hund eine Zerreißprobe
und muss liebevoll und geduldig umgesetzt werden).

Das heißgeliebte Futter betritt in der Schüssel und an der (meist eher uninteressanten) Hand des Besitzers den Raum.

Botschaft im Hundehirn „sofort her damit – essen – jetzt".

Hier setzen Sie sehr wirkungsvoll Richtlinien.

Das wird es Ihnen leichter machen, Ihren Hund davon zu überzeugen, dass immer (immer!) Sie der erste sind, der durch die Tür marschiert und Sie nicht derjenige sind, der vom nächsten Besucher überrannt auf der Türschwelle abgekratzt wird.

Das Futter wird auf den Boden gestellt (ich fülle es immer in vorhandene Näpfe um), der Hund sitzt bereits. Es ertönt ein „warte" und nach einer (nicht allzu langen– auf jeden Fall nicht beim Welpen oder Junghund) zeitlichen Distanz erhält der Hund die Freigabe in Form eines immer gleich lautenden Befehls.

Erst dann darf er fressen.

Das klingt so lapidar, macht aber einem jeden Hundebesitzer das Leben und die Erziehung um ein Vielfaches leichter.

Wie gesagt, bei Welpen ist darauf zu achten, das nur ganz kurz zu machen und wenn er noch nicht sitzen kann, einfach kurz und sanft vorne mit der Hand die Brust für ein paar Sekunden fixieren und ihn dann erlösen.

Bei einem erwachsenen Hund kann man dann, wenn man alles richtig gemacht hat, auch ruhig mal in den Keller gehen und die Wäsche wechseln, er wird noch da sitzen und warten, dass sein Befehl ertönt.

Gewinnen Sie die Aufmerksamkeit

Wenn Sie es nicht schaffen, die Aufmerksamkeit Ihres Hundes zu erlangen, dann sind Sie erziehungstechnisch verloren.

Seien Sie beim Spaziergang konzentriert und erweisen Sie sich als spannender als all die anderen Ablenkungen.

Starten und (vor allem!) stoppen Sie Spielsequenzen. Wenn Sie wollen, dass Ihr Hund Sie ernst nimmt, dann teilen Sie ihm sein Spielzeug zu und lassen Sie ihn nicht entscheiden, wann und mit was er wo und wie lange spielen will.

Oberste Priorität ist, Sie suchen sich einen Zeitpunkt zum Spielen aus und spielen dann mit Ihrem Hund. Ganz wichtig ist, dass Sie das Spiel beenden, bevor Ihr Hund es tut, weil er keine Lust mehr hat.

Hierzu gehört natürlich auch, dass Sie Ihren Liebling genug beobachten und beobachtet haben, um den Zeitpunkt definieren zu können, wann es kippt und Ihr Hund keine Lust mehr hat und sich mit seinem Spielzeug irgendwo hin verkrümelt, oder es einfach liegen lässt.

Auch das mag lapidar erscheinen, ist aber dennoch ein elementarer Schritt in Richtung Hundeführer.

Sie sind interessant und Sie steuern!

Noch nicht ganz verstanden?

Es gibt ein paar einfache Grundregeln der Hundeerziehung und des Zusammenlebens mit einem Hund.

Wenn Sie es schaffen, diese zu verinnerlichen und umzusetzen, wird sich Ihr Leben mit Ihrem Hund sehr zum positiven wandeln (sicher ist es bereits heute äußerst positiv, aber wenn alles nur von

Erfolgen gekrönt wäre, hätten Sie vermutlich nicht diese Zeilen in Händen).

Das Basiswissen ist sehr schlicht und einfach (zumindest für Hundetrainer ;-)):

Seien Sie konstant und immer gleich zu Ihrem Hund, damit Sie verlässlich und zuverlässig sind

Konsequenz ist das A und O

Achten Sie auf das richtige Timing: Lob und Rüge müssen immer (!!!) zur richtigen Zeit –sprich: ohne zeitliche Verzögerungen- gegeben werden, um Fehlverknüpfungen und unerwünschte Folgen zu vermeiden

Versuchen Sie nicht, Ihren Hund zu vermenschlichen – auch wenn es schwer fällt. Ergo: Lassen Sie Ihren Hund nicht die Entscheidungen treffen, er will das gar nicht

Werden Sie nicht vor lauter Enthusiasmus zum Diktator

Geben Sie die Regeln vor und fordern Sie deren Befolgung ein

Trainieren Sie nicht an Tagen, an denen Sie schlecht drauf sind, dann reicht spazieren gehen

Alles richtig gemacht !

Natürlich könnte ich diesem Buch noch zahlreiche Kapitel hinzufügen und natürlich könnte selbst jedes einzelne Kapitel hier noch seitenweise spezielle Ausführungen erhalten, aber es ist ein kleiner Ratgeber, keine allumfassende Lösung aller Probleme.

Damit würde ich Sie als Hundehalter eines „normalen" Hundes überfordern und den tatsächlichen

„Problemhunden" nicht gerecht werden, weil diese individuelle Betreuung benötigen.

Wenn Sie also zu den glücklichen Besitzern eines „durchschnittlich anspruchsvollen" Hundes gehören, sollten diese Zeilen Sie ein ganzes Stück weiter bringen, im alltäglichen Leben mit Ihrem vierbeinigen Freund, falls nicht, freue ich mich auf Ihre Nachricht.

In diesem Sinne wünsche ich Ihnen gutes Gelingen bei der Umsetzung und Ihrem eventuellen Umdenken in den täglichen Prozessen mit Ihrem Liebling – es erscheint schwieriger, als es ist, aber es ist auf jeden Fall Arbeit.

Wenn Sie bereit sind, diese Arbeit zu investieren, werden Sie dafür mit einem Geschenk belohnt, wie es schöner kaum sein kann!

Also los: Lernen Sie den besten aller Hunde kennen – Ihren!

Alles Liebe und Gute, Ihre Daniela Habermann

Herstellung und Verlag:
BoD - Books on Demand, Norderstedt
ISBN 978-3-7322-8747-5